BEI GRIN MACHT SICH IHR
WISSEN BEZAHLT

AF136188

- Wir veröffentlichen Ihre Hausarbeit,
  Bachelor- und Masterarbeit

- Ihr eigenes eBook und Buch -
  weltweit in allen wichtigen Shops

- Verdienen Sie an jedem Verkauf

Jetzt bei www.GRIN.com hochladen
und kostenlos publizieren

Klientenzentrierte Förderung und Beratung. Gesundheitskompetenzen, Gesprächspsychotherapien und Kommunikationstheorien

Stefan S.

Bibliografische Information der Deutschen Nationalbibliothek:

Die Deutsche Nationalbibliothek verzeichnet diese Publikation in der Deutschen Nationalbibliografie; detaillierte bibliografische Daten sind im Internet über http://dnb.d-nb.de abrufbar.

ISBN: 9783346701817
Dieses Buch ist auch als E-Book erhältlich.

© GRIN Publishing GmbH
Nymphenburger Straße 86
80636 München

Druck und Bindung: Books on Demand GmbH, Norderstedt Germany
Gedruckt auf säurefreiem Papier aus verantwortungsvollen Quellen

Das Buch bei GRIN: https://www.grin.com/document/1263700

Einsendeaufgabe

Klinische Psychologie II (Gesundheitsförderung und -beratung)

Alternative B

Klientenzentrierte Förderung und Beratung: Gesundheitskompetenzen, Gesprächspsychotherapien und Kommunikationstheorien

hochgeladen am 04.01.2022 auf den eCampus
SRH Fernhochschule

Modul: Klinische Psychologie II (Gesundheitsförderung und -beratung)
Studiengang: B. Sc. Psychologie

von
Stefan S.

Inhaltsverzeichnis

Abkürzungsverzeichnis

Abb.	Abbildung
bspw.	beispielsweise
s.	siehe
z. B.	zum Beispiel

Abbildungsverzeichnis

1 Teilaufgabe 1: Individuelle und gesellschaftliche Gesundheitskompetenzen

Das folgende Kapitel befasst sich mit den individuellen und gesellschaftlichen Gesundheitskompetenzen, wobei in diesem Zusammenhang die Prinzipal-Agent-Beziehung hervorgehoben wird. Dafür soll die Bedeutung der Prinzipal-Agent-Beziehung im Rahmen des Gesundheitswesens in Unterkapitel 1.1 erläutert werden, sodass darauf aufbauend in Unterkapitel 1.2 die verschiedenen Beziehungsmodelle vorgestellt werden können. Das Unterkapitel 1.3 befasst sich abschließend mit der Definition und Bedeutung von individuellen und gesellschaftlichen Gesundheitskompetenzen.

1.1 Die Prinzipal-Agent-Beziehung im Gesundheitswesen

Die Prinzipal-Agent-Theorie wird überwiegend mit den Wirtschaftswissenschaften in Verbindung gebracht und bezieht sich auf die Analyse von zwei oder mehreren ökonomischen Akteuren, die sich in einer Prinzipal-Agent-Beziehung zueinander befinden. In der Literatur lassen sich sowohl allgemeine als auch fachspezifische Definitionen finden.[1] Wenn ein Individuum von der Handlung eines anderen abhängig ist, spricht man von einem Agenturverhältnis. In dieser Beziehung übernimmt das handelnde Individuum die Rolle des Auftragnehmers oder Agenten und ist damit den Anweisungen des Auftraggebers oder Prinzipals unterstellt.[2] Im engeren Sinn kann das Agenturverhältnis auch als ein Vertrag zwischen dem Auftraggeber und Auftragnehmer verstanden werden, bei dem der Agent im Namen des Prinzipals handelt und dabei über eine gewisse Entscheidungsbefugnis verfügt (siehe Abbildung 1).[3] Durch den Vertrag gehen beide Seiten die Verpflichtung zur Leistung und Gegenleistung ein. Dabei ist der Agent im Rahmen der Auftragsdurchführung an die Leistungspflicht gebunden und kann vom Auftraggeber eine angemessene, vertraglich festgelegte Zahlung in Form einer Gegenleistung erwarten. Hierbei ist zu beachten, dass der Vertrag durch den Prinzipal an den Agenten herangetragen wird, welcher daraufhin selbst entscheiden kann, ob er den Auftrag annimmt. Durch die Vertragsbeziehung entsteht ein wechselseitiges Abhängigkeitsverhältnis zwischen dem

---

[1] Vgl. Alparslan (2006), S. 11
[2] Vgl. Pratt/Zeckhauser (1991), S. 2
[3] Vgl. Jensen/Meckling (1976), S. 308

Auftraggeber und -nehmer. Zum einen kann der Agent durch seine Handlungen auf das Durchführungsergebnis und damit den Nutzen des Prinzipals einwirken, und zum anderen kann der durch den Prinzipal aufgesetzte Vertrag die Handlungsaktionen des Agenten mitbestimmen. Dieses Abhängigkeitsverhältnis kann dadurch entstehen, da der Auftraggeber aufgrund zeitlicher, physischer oder kognitiver Einschränkungen nicht in der Lage ist, selbstständig tätig zu werden oder weil der Agent über nötige Fähigkeiten oder Kenntnisse verfügt, die der Prinzipal nicht hat.[4] Aufgrund von unterschiedlichen Interessen, Umweltunsicherheiten und Informationsasymmetrie besteht ein Risiko, dass der opportunistische Agent den Prinzipal systematisch ausnutzen kann.[5]

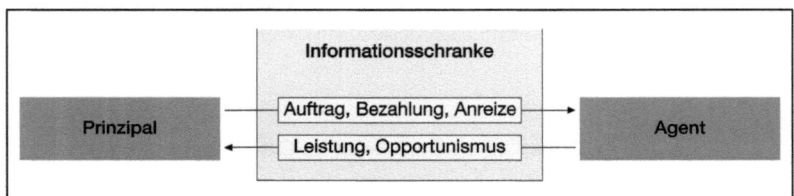

Abbildung 1: Das Standardbild der Prinzipal-Agent-Beziehung.
(Quelle: Eigene Darstellung in Anlehnung an Förster (2019), S. 5.)

Im Gesundheitswesen kann innerhalb der Arzt-Patienten-Beziehung ebenfalls eine solche Informationsasymmetrie auftreten, wobei der Arzt die Rolle des Agenten und der Patient die Rolle des Prinzipals übernimmt. Außerdem ist die Beziehung durch den Zufall bestimmt, da sich weder Arzt noch Patient in den meisten Fällen frei wählen können und eher im Rahmen einer institutionell-organisatorisch geregelten Umgebung aufeinandertreffen. Eine gute Arzt-Patienten-Beziehung ist aufgrund der vielen verschiedenen Erwartungen und Interessen nur schwer zu realisieren. Dies zeigt sich allein darin, dass sich die meisten Patienten eine umfangreiche Einbindung in ihren Heilungsprozess wünschen, während die Ärzte wegen zeitlicher Einschränkungen oder anderen Hindernissen nicht in der Lage sind, den Patienten hinreichend über die medizinischen Maßnahmen zu informieren. Die Unzufriedenheit der Patienten über die ärztliche Arbeit führt automatisch zu einer Unzufriedenheit des Arztes, da seine Patienten nicht hinreichend kooperieren wollen. Spannungen entstehen bereits aufgrund der soziokulturellen Erwartungen an eine Patienten- sowie Ärzterolle. Die Asymmetrie beginnt damit, dass es sich für den Arzt bei der Behandlung um eine alltägliche Situation handelt, während der Patient eine deutliche Unterbrechung seines Alltags erlebt.[6] Um diesen Problemen entgegenzuwirken, sollte ein

---

[4] Vgl. Alparslan (2006), S. 13-16
[5] Vgl. Alparslan (2006), S. 24-25
[6] Vgl. Begenau/Schubert/Vogd (2010), S. 7-8

grundsätzliches Vertrauen zwischen Arzt und Patient angestrebt werden. Im Rahmen der Prozesstransparenz werden Patienten mit in die Durchführung praktischer Maßnahmen einbezogen, sodass eine vertrauensvolle Beziehung zum Arzt entstehen kann.[7] Im Picker Report (2013) wurde nachgewiesen, dass eine gute Patienten-Personal-Beziehung mit höherer Patientenzufriedenheit einhergeht, wobei Kriterien der Kommunikation, des Respekts, der Empathie und Informationsbereitstellung besonders relevant waren.[8]

Um die Arzt-Patienten-Beziehung stärken zu können, muss also Vertrauen zwischen den beiden Parteien aufgebaut werden. Hierfür lassen sich drei aufeinander aufbauende Phasen unterscheiden, die ein Arzt in der Interaktion mit seinen Patienten durchlaufen sollte. Zu Beginn muss eine verständnisvolle Kommunikationsgrundlage hergestellt werden, indem der Arzt seine volle Aufmerksamkeit dem Patienten widmet und ihm durch eine gezielte Zuwendung Einfühlungsvermögen und Verständnis zeigt. Gelingt die erste Phase, ist mit dem strukturierten Abbau von bedrohlichen Handlungen fortzufahren. Der Arzt sollte sich darum bemühen, seine Handlungen verständlich zu erläutern, um dem Patienten eine durchschaubare Behandlung zu versichern. Die patientenbezogene Einbeziehung in die medizinischen Maßnahmen sollte außerdem eine Verhaltensrückmeldung beinhalten, damit der Patient den eigenen Fortschritt mitbeobachten kann. In der letzten Phase kann der Arzt den gezielten Aufbau von Vertrauen einleiten und dem Patienten durch angemessene Aufgaben Kompetenzen übertragen, welche bei erfolgreicher Absolvierung das Selbstvertrauen stärken und folglich auch das Vertrauen in den Arzt steigern.[9]

1.2 Modelle der Arzt-Patienten-Beziehung

Da Patienten unterschiedliche Bedürfnisse und Persönlichkeiten haben, kann es kein generelles Modell der Arzt-Patienten-Beziehung geben, sondern es muss eine gewisse Vielfalt im richtigen ärztlichen Umgang mit den Patienten vorherrschen. Emanuel und Emanuel (1992) haben diesbezüglich abhängig von den Zielen der Arzt-Patient-Interaktion, den Pflichten des Arztes, der Wertebedeutung des Patienten und der Konzeption der Patientenautonomie die folgenden vier Modelle der Arzt-Patienten-Beziehung herausgestellt: das paternalistische, informative, interpretative und abwägende Modell.[10]

---

[7] Vgl. Stapel/Zielke/Hoff-Emden (2005), S. 24
[8] Vgl. Picker Institut Deutschland gGmbH (2013)
[9] Vgl. Petermann (1997), S. 159
[10] Vgl. Emanuel/Emanuel (1992), S. 2221

Im paternalistischen Modell ist der Arzt dazu verpflichtet, den Patienten unter allen Umständen mit den effektivsten Interventionsmaßnahmen zu behandeln. Hierfür bedarf es ärztlicher Expertise, um den individuellen Krankheitsfall zu analysieren, zu determinieren und gezielt mit passenden Maßnahmen zu verbessern. Dem Patienten werden alle nötigen Informationen bereitgestellt, um eine Kooperation zu gewährleisten. Die Behandlungswahl wird damit ausschließlich dem Arzt zugesprochen, da er dem paternalistischen Modell zufolge eher an der Gesundheit des Patienten anstatt an seinem Mitbestimmungsrecht interessiert ist. Somit übernimmt der paternalistische Arzt die Rolle des bevormundenden Beschützers und stellt die Interessen des Patienten stets in den Vordergrund.[11]

Die Behandlung nach dem informativen Modell sieht vor, dass der Arzt seine Patienten hinreichend über die Interventionsmaßnahmen informiert, sodass diese selbstständig ein medizinisches Verfahren auswählen können, welches der Arzt verpflichtend annimmt und durchführt. Der Patient erlangt somit die Kontrolle über medizinische Entscheidungen. Dafür muss er über den Status seiner Erkrankung, die möglichen Diagnosen und die Behandlungsoptionen sowie potenziellen Risiken und Nebenwirkungen aufgeklärt werden. Das informative Modell sieht eine klare Trennung von Fakten und Werten vor, da die Wertvorstellungen des Patienten zusammen mit den bereitgestellten Fakten des Arztes am Ende die Entscheidung über die passende Behandlung bestimmen. Da die Informationen ausschließlich objektiv und der Wahrheit entsprechend formuliert werden müssen, muss der Arzt die eigenen Werte vollkommen ignorieren.[12]

Im interpretativen Modell werden die medizinischen Maßnahmen abhängig von den Einstellungen und Wünschen des Patienten ausgewählt. Auch in diesem Modell stellt der Arzt alle erforderlichen Informationen bereit und ist zusätzlich als Berater in den Entscheidungsprozess involviert. Durch seine Expertise kann er dem Patienten verdeutlichen, welche Maßnahmen ihre Werte und Wünsche erfüllen würden. Vielen Patienten sind ihre Werte jedoch nicht eindeutig bewusst, sodass ärztliche Interpretationen und Unterstützungen dauerhaft gefordert sind. Am Ende entscheidet dennoch der Patient, auf welche Werte er sich festlegen möchten. Dem interpretativen Modell zufolge übernimmt der Arzt die Rolle eines Konsultanten und begleitet seine Patienten auf ihren Wegen zur Selbstfindung, wobei er ihnen absolute Entscheidungsfreiheit gewähren muss.[13]

Das letzte Modell, das abwägende Modell, orientiert sich bei der Arzt-Patienten-Beziehung an der Feststellung und Auswahl gesundheitsrelevanter Werte, die für die

---

[11] Vgl. Emanuel/Emanuel (1992), S. 2221
[12] Vgl. Emanuel/Emanuel (1992), S. 2221
[13] Vgl. Emanuel/Emanuel (1992), S. 2221-2222

individuelle klinische Situation des Patienten am zweckmäßigsten sind. Der Arzt muss dem Patienten seine klinische Situation beschreiben und erläutern, welche Werte die zur Verfügung stehenden medizinischen Optionen verkörpern. Dabei darf er sich lediglich auf gesundheitsrelevante Werte beziehen. Hierfür muss sich der Arzt über die Lebenssituation und die Einstellungen seines Patienten informieren, sodass passende Lösungen erarbeitet werden können, die gemeinsam bewertet werden. Der abwägende Arzt übernimmt die Rolle eines Freundes und gibt Ratschläge oder wegweisende Anordnungen. Am Ende entscheiden beide Seiten gemeinsam über die Wahl einer Maßnahme.[14]

1.3 Was sind Gesundheitskompetenzen?

Unter dem Begriff der Gesundheitskompetenz wird im Allgemeinen die Fähigkeit verstanden, Gesundheitsinformationen erwerben, verstehen und beurteilen zu können sowie im Stande zu sein, sich mit anderen über Gesundheitsthemen auszutauschen, gesundheitsrelevante Entscheidungen zu treffen und Informationen über den Erhalt und die Förderung der eigenen Gesundheit effektiv zu nutzen. Die Literatur enthält hierzu noch andere Definitionen, die beispielsweise über die Informationsverarbeitungs- und Entscheidungsfähigkeiten hinaus gehen und Gesundheitskompetenzen als Handlungspotenziale für die eigene Gesundheit sowie für die Gesundheit anderer Menschen beschreiben. Damit wird Individuen und Gruppen zusätzlich die Fähigkeit zugesprochen, gesundheitsförderliche Lebensbedingungen zu schaffen.[15] Diese Kompetenzen werden den Definitionen aus der Gesundheitsförderung zufolge hauptsächlich über Kultur, Bildung und Erziehung vermittelt. Es handelt sich also um alltagspraktisches Wissen und Fähigkeiten im Umgang mit der eigenen körperlichen Gesundheit und den gesundheitsprägenden sozialen Lebensumständen, die als Ressource und Potenzial verstanden werden.[16]
Hinsichtlich der unterschiedlichen Wirkungsweisen unterscheidet Nutbeam (2006) drei Stufen der Gesundheitskompetenz: die funktionale, interaktive und kritische Stufe. Die funktionalen Gesundheitskompetenzen befähigen ein Individuum dazu, gesundheitsrelevante Informationen herausstellen und die enthaltenden Inhalte ihrem medizinischen Nutzen entsprechend verstehen zu können. Es handelt sich hierbei um die traditionelle Gesundheitserziehung, welche lediglich auf Sachinformationen über gesundheitliche

---

[14] Vgl. Emanuel/Emanuel (1992), S. 2222
[15] Vgl. Abel/Sommerhalder (2015), S. 923
[16] Vgl. Abel/Bruhin/Sommerhalder/Jordan (2018)

Risiken und die Nutzung des Gesundheitssystems beruhen. Die Ziele sind relativ begrenzt und überwiegend auf den individuellen Nutzen beschränkt. Die funktionale Stufe ist nicht darauf ausgerichtet, interaktive Kommunikationen anzuregen oder die Entwicklung von spezifischen Fähigkeiten zu fördern. Typische Anwendungsbeispiele zur Durchführung dieser Form sind Informationsbroschüren oder die Patientenaufklärung.[17]

Die zweite Stufe bilden die interaktiven Gesundheitskompetenzen, welche sich auf die Entwicklung persönlicher Fähigkeiten beziehen. Die Motivation und das Selbstvertrauen einer Person sollen insofern verbessert werden, dass man Ratschläge zur Gesundheit unabhängig vom eigenen Wissen umsetzen kann.[18] Das eigene Gesundheitswissen soll auf interaktive Weise mit anderen ausgetauscht werden, sodass eine Quellenvielfalt entsteht und die Anwendung auf verschiedene Situationen ermöglicht wird.[19] Schulen, die sich mit der Entwicklung von persönlichen und gesellschaftlichen Fähigkeiten befassen, wenden oftmals die interaktive Form in Programmen zur Gesundheitserziehung an. Dennoch steht der gesellschaftliche Nutzen auch hier nicht im Fokus der Durchführung.[20]

Im Gegensatz dazu haben die kritischen Gesundheitskompetenzen sehr wohl einen Nutzen für die Bevölkerung, wobei ein individueller Nutzen ebenfalls vorhanden ist. Sie reflektieren kognitive und kompetenzorientierte Entwicklungen und werden zur Unterstützung sozialen, politischen und individuellen Handelns eingesetzt. Die kritische Form umfasst demnach fortgeschrittene kognitive und soziale Fähigkeiten, die es ermöglichen, sich mit sozialen, ökologischen und wirtschaftlichen Determinanten der Gesundheit zu befassen.[21] Der Fokus liegt hierbei auf einem aufgeklärten und reflektierten Umgang mit Gesundheit, wodurch Angebote des Gesundheitssystems selektiv wahrgenommen werden können und das Leben selbstbewusst und kritisch gestaltet wird.[22]

Der Einfluss auf die Determinanten der Gesundheit bildet einen Grundgedanken in der Gesundheitsförderung. Sie können in fünf Bereiche eingeteilt werden, die zusammen ein Netz aus verschiedenen Einflüssen bilden, wobei die einzelnen Gruppen von Determinanten in einer wechselseitigen Beziehung zueinanderstehen (s. Abb. 2). Das Ergebnis dieses Prozesses ist die Gesundheit.[23]

---

[17] Vgl. Nutbeam (2000), S. 264
[18] Vgl. Nutbeam (2000), S. 264
[19] Vgl. Abel/Sommerhalder (2015), S. 924
[20] Vgl. Nutbeam (2000), S. 264
[21] Vgl. Nutbeam (2000), S. 264
[22] Vgl. Abel/Sommerhalder (2015), S. 924
[23] Vgl. Hurrelmann/Richter (2018)

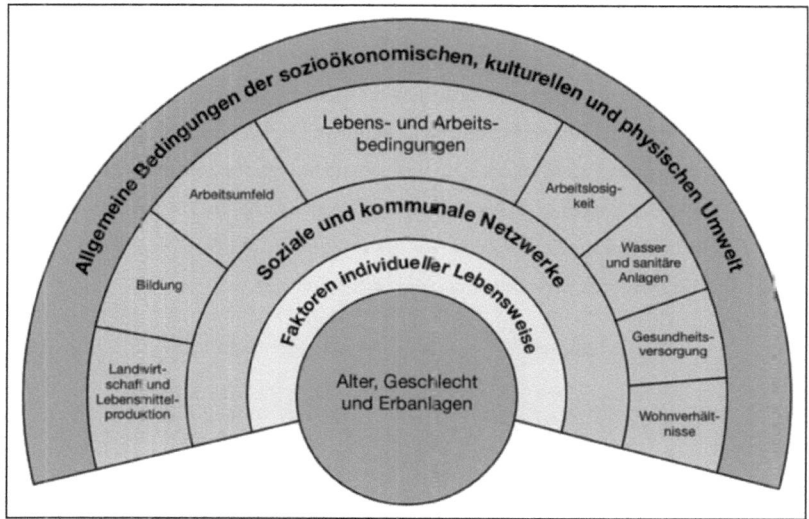

Abbildung 2: Determinanten der Gesundheit.
(Quelle: Dahlgren/Whitehead (1991); zitiert nach Hurrelmann/Richter (2018).)

Das Alter, Geschlecht und die Erbanlagen bilden den Kern des Modells und sind im Gegensatz zu den anderen Bereichen unbeeinflussbare Determinanten. Die Faktoren individueller Lebensweisen beziehen sich auf Verhaltensweisen, die gesundheitsförderlich oder -schädigend sind wie zum Beispiel Drogenkonsum oder Ernährung. Durch soziale und kommunale Netzwerke können Erkrankungsrisiken gemildert werden, indem sie in Form der Familie einen positiven Einfluss auf das Gesundheitsverhalten haben. Sie werden durch individuelle Lebens- und Arbeitsbedingung wie Bildungsgrad oder Arbeitslosigkeit bestimmt. Die Makrofaktoren der Gesundheit und damit die ursächlichen Ursachen eingeschränkter Gesundheit und Krankheit sind die allgemeinen Bedingungen der sozioökonomischen, kulturellen und physischen Umwelt.[24]

Auf Basis umfangreicher Expertenbefragungen haben Lenartz, Soellner und Rudinger ein Strukturmodell der Gesundheitskompetenz (s. Abb. 3) entwickelt, das verdeutlicht, über welche spezifischen Fähigkeiten und Fertigkeiten ein Individuum verfügen sollte, um eine hohe Gesundheitskompetenz vorweisen zu können. Das Modell unterteilt sich in drei Stufen und beginnt mit den Basisfertigkeiten, die sich aus gesundheitsbezogenem Grundwissen sowie Gesundheitsfertigkeiten zusammensetzen. Die zweite Stufe umfasst die weiterentwickelten Fertigkeiten, welche wiederum in die perzeptiv-motivationale,

---

[24] Vgl. Hurrelmann/Richter (2018)

kognitiv-motivationale und handlungsorientierte Ebene unterteilt werden. Die perzeptiv-motivationale Ebene bezieht sich auf die gesundheitsbezogene Selbstwahrnehmung, während eine aktive Verantwortungsübernahme der Gesundheit den kognitiv-motivationalen Anteil der Gesundheitskompetenz definiert. Der adäquate Umgang mit Gesundheitsinformationen, die Fähigkeiten zur gesundheitsbezogenen Selbstkontrolle und -regulation sowie der kooperative Austausch über gesundheitliche Themen mit anderen bilden die handlungsorientierte Ebene. Die letzte Stufe ist das Outcome oder Ergebnis und damit das Gesundheitsverhalten und die Gesundheit selbst.[25]

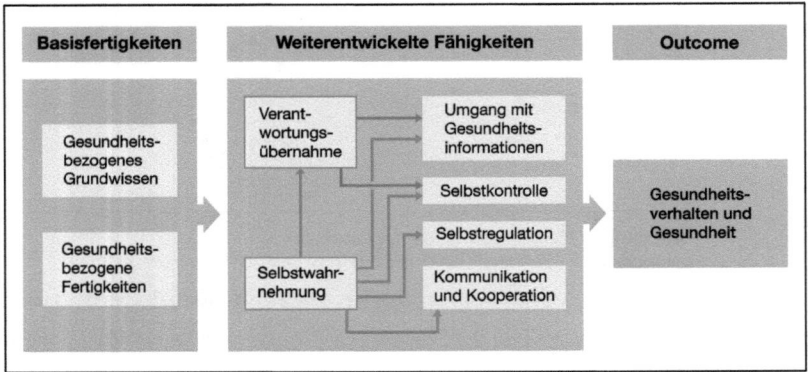

Abbildung 3: Strukturmodell der Gesundheitskompetenz.
(Quelle: Eigene Darstellung in Anlehnung an Lenartz/Soellner/Rudinger (2014), S. 30.)

---

[25] Vgl. Lenartz/Soellner/Rudinger (2014), S. 30

2 Teilaufgabe 2: Die nicht-direktive Gesprächspsychotherapie

Das zweite Kapitel thematisiert das personenzentrierte Konzept der nicht-direktiven Gesprächspsychotherapie von Carl Rogers und die sechs Beziehungsbedingungen der Persönlichkeitsentwicklung. Hierfür werden in Unterkapitel 2.1 die konzeptuellen Grundlagen der klientenzentrierten Psychotherapie erarbeitet, sodass darauf aufbauend in Unterkapitel 2.2 die sechs Bedingungen der nicht-direktiven Gesprächsführung erläutert werden können. Unter der Anwendung des Konzepts wird abschließend im letzten Unterkapitel 2.3 ein mögliches Beratungsgespräch aus der Praxis beschrieben.

2.1 Konzeptuelle Grundlagen der klientenzentrierten Psychotherapie

Die klientenzentrierte Psychotherapie geht auf den amerikanischen Psychologen Carl Rogers (1945) zurück, der den Ansatz als eine nicht-direktive Therapiemethode vorgestellt hat. Der Patient wird hier als selbstverantwortlicher Klient beschrieben, der im therapeutischen Kontext eigenständige Entdeckungen und Entscheidungen erlangen kann. Im Jahre 1951 erweitert Rogers sein Konzept und benennt es in die klientenzentrierte Psychotherapie um. Die Erkenntnisse, die aus Rogers Forschungen zur Therapie- und Persönlichkeitstheorie hervorgehen, erweitern den Einsatzbereich des klientenzentrierten Ansatzes auf alle Formen zwischenmenschlicher Beziehungen.[26] Durch die Ausweitung auf verschiedenste Lebensbereiche steht das therapiesuchende Individuum nicht mehr in ihrer Funktion als Klient im Mittelpunkt, sondern als Mensch.[27]

Ein charakteristisches Merkmal der klientenzentrierten Psychotherapie ist die progressiv weiterentwickelnde Hypothese, dass die Einstellungen des Therapeuten den Erfolg der Therapie bestimmen.[28] Der Therapeut muss echt und authentisch in seinem Verhalten sein, den Klienten in seiner Person bedingungslos akzeptieren und nachvollziehbares Verständnis für seine Leidenswelt zeigen.[29] Er muss ihm direkte Zugänglichkeit versichern und sich auf seine Erkenntniswelt konzentrieren. Innerhalb der Therapieentwicklung vollzieht sich eine Erlebensveränderung, die in einer Fokussierung auf die unmittelbare Gegenwart gipfelt. Die Fähigkeit, sich selbst vollständig zu verwirklichen,

---

[26] Vgl. Rogers (2017), S. 18-19
[27] Vgl. Weinberger (2013), S. 23
[28] Vgl. Rogers (2017), S. 21
[29] Vgl. Rogers (2017), S. 23

unabhängig von der Leidenswelt und psychologischen Diagnose, bildet die therapeutische Motivation. Die therapeutischen Kenntnisse, die während eines Gespräches eingesetzt werden, sind dabei auf alle Lebensbereiche übertragbar, da die Formulierungen explizit auf Erfahrungen beruhen und keine theoretische Fundierung anstreben.[30]

Rogers definiert in seinem humanistischen Persönlichkeitskonzept zwei zentrale Faktoren der klientenzentrierten Psychotherapie: Aktualisierungstendenz und Inkongruenz.[31] Die Aktualisierungstendenz beschreibt „(...) die dem Organismus innewohnende Tendenz zur Entwicklung all seiner Möglichkeiten; und zwar so, dass sie der Erhaltung oder Förderung des Organismus dienen"[32]. Die Aktualisierungstendenz wird als Entwicklungsprinzip verstanden, das dem Menschen die innere Kraft verleiht, das eigene Potenzial zu verwirklichen.[33] Rogers beschreibt seine Ausführungen als die „(...) Suche nach freudvoller Spannung, Tendenz zur Kreativität, Tendenz, mühsam Gehen zu lernen, wo doch Krabbeln müheloser zur selben Bedürfnisbefriedigung führen würde"[34]. Ein organismischer Bewertungsprozess entscheidet im Rahmen der Aktualisierungstendenz, welche Kenntnisse für den gesamten Organismus förderlich sind und welche nicht, wodurch sowohl positive als auch negative Erfahrungen gesammelt werden. Durch die Entwicklung des Selbst wird auch die Erhaltung des Selbstkonzepts wichtiger, sodass Erfahrungen neben dem Organismus auch für das Selbstkonzept förderlich sein müssen. Hierbei handelt es sich um die Tendenz der Selbstaktualisierung, einem Teil der Aktualisierungstendenz, welcher sich mit der Bewertung zwischenmenschlicher Beziehungen befasst. Förderliche Erfahrungen werden durch empathisches Verständnis, vollkommene Wertschätzung und Echtheit erlangt, die eine Person von ihrem Gegenüber erleben muss.[35]

Gelingt es einer Person, die Aktualisierungs- und Selbstaktualisierungstendenzen gleichermaßen zu befriedigen, spricht man von einer „fully functioning person", also einem Menschen, der sowohl negative als auch positive Erkenntnisse vollständig wahrnehmen und akzeptieren kann. Erfahrungen, die nicht mit dem Selbstbild übereinstimmen, führen zu einem Zustand der Inkongruenz und damit zu einer Unvereinbarkeit der beiden Tendenzen. Diese Diskrepanz zwischen dem Erleben durch den eigenen Organismus und dem Erleben durch die bewertende Meinung einer Bezugsperson führt dazu, dass die entsprechenden Erfahrungen entweder verfälscht oder verleugnet werden. Der

---

[30] Vgl. Rogers (2017), S. 21-22
[31] Vgl. Weinberger (2013), S. 24
[32] Schmid (1991), S. 21
[33] Vgl. Weinberger (2013), S. 24-25
[34] Rogers (1991), S. 22
[35] Vgl. Weinberger (2013), S. 25-27

klientenzentrierte Veränderungsprozess zielt beim Fall der Inkongruenz auf die Ausbildung eines flexiblen Selbstkonzeptes ab und ermöglicht dem Individuum eine zwischenmenschliche Beziehung, die auf Akzeptanz beruht und die Einbindung negativer organismischer Erfahrungen in das Selbstkonzept anstrebt. Die Tatsachen des realen Selbst und die Vorstellungen des idealen Selbst werden auf diese Weise einander angenähert, sodass sich das Individuum anschließend selbst akzeptieren kann.[36]

2.2 Sechs Bedingungen der nicht-direktiven Gesprächsführung

Es liegt in der Verantwortung des Therapeuten, das therapeutische Setting in einer entwicklungsförderlichen psychologischen Umwelt einzubauen, sodass der Klient die Möglichkeit hat, sein Selbstverständnis zu erweitern, selbstbestimmte Entscheidungen zu treffen, Verhaltensänderungen zu erreichen und sein Selbstkonzept zu entwickeln. Rogers stellt dafür die folgenden drei Bedingungen auf, die von jedem nicht-direktiven Therapeuten befolgt werden sollten: Empathie, Wertschätzung und Kongruenz.[37]

Der empathische Therapeut ist ein vertrauensvoller Begleiter des Klienten, der seine private Wahrnehmungswelt betritt und ihm durch das innere seiner Person folgt. Dabei ist der Therapeut vollkommen empfindsam für die sich ständig verändernde Gefühlslage des Klienten und in der Lage, ein beobachtender, nicht intervenierender Teil dieser Umwelt zu werden. Dabei muss der Therapeut sein eigenes Selbst und seine persönlichen Einstellungen und Werte zurückstellen.[38] Wenn der Klient über seine Erfahrungen spricht, versucht der Therapeut, die gegenwärtige und aktuelle Bedeutung des Gesagten zu verstehen und dabei keine Aspekte der Vergangenheit oder Zukunft des Klienten zu beachten. Neben der Empathie ist die bedingungslose positive Wertschätzung eines Klienten eine weitere unabdingbare Haltung des nicht-direktiven Psychotherapeuten. Er bemüht sich darum, die Person so anzunehmen, wie sie gerade in diesem Moment vor ihm steht, ohne dabei das Verhalten oder andere persönliche Bewertungsparameter zu beachten. Diese bedingungsfreie Art der Wertschätzung kann nur dann erreicht werden, wenn der Therapeut seinem Klienten vollkommen meinungsfrei gegenübertritt. Die letzte Bedingung einer erfolgreichen klientenzentrierten Therapie ist die Echtheit oder Realität des Therapeuten. Der Klient soll das Gefühl bekommen, mit einer grundehrlichen Person in

---

[36] Vgl. Weinberger (2013), S. 27-29
[37] Vgl. Rogers (1992), S. 23
[38] Vgl. Rogers (199?), S.194

Kontakt zu stehen. Rogers sieht einen höheren psychologischen Nutzen darin, wenn Therapeuten Authentizität zeigen, anstatt professionelle Distanz zu wahren.[39] Zusätzlich zu diesen therapeutischen Grundhaltungen gibt es drei weitere Bedingungen für die Klienten-Therapeuten-Beziehung. Zum einen müssen sich beide Parteien in einem psychologischen Kontakt befinden, sodass Veränderungen innerhalb der Beziehung stattfinden können. Des Weiteren muss der Klient in einem verletzlichen und ängstlichen Zustand der Inkongruenz sein, wobei die Aktualisierungs- und die Selbstaktualisierungstendenz im Widerspruch zueinanderstehen. Abschließend ist es außerdem notwendig, dass die bedingungslose positive Wertschätzung und das empathische Verständnis des Therapeuten zumindest im Ansatz vom Klienten wahrgenommen werden.[40]

2.3 Therapeutische Anwendung im Beratungsgespräch

Der klientenzentrierte Ansatz hat mit der Annahme eines Prozesskontinuums den therapeutischen Prozess in sieben Stufen eingeteilt, wobei die Therapie für jeden Klienten auf unterschiedlichen Stufen beginnen kann und stets zur letzten Stufe hinarbeitet. Klienten der ersten Stufe sind nicht in der Lage, eigenständig einen Therapeuten aufzusuchen, sodass Anmeldungen meist durch die Familie oder Freunde erfolgen. Sie müssen zu Beginn im Rahmen einer Spiel- oder Gruppentherapie an die neue Umgebung herangeführt werden, um die Echtheit des therapeutischen Klimas zu erleben. Die Klienten sind sich ihrem Wunsch nach Veränderung und Wachstum nicht bewusst, da sie Probleme nicht erkennen, ihre Gefühle nicht wahrnehmen und nur über äußere Dinge kommunizieren.[41]

Auf der zweiten Stufe sind Klienten in der Lage, Probleme außerhalb des Selbst wahrzunehmen und über sie zu sprechen. Die eigenen Gefühle werden jedoch als fremdartig und vergangen empfunden. Auch die persönlichen Konstrukte sind starr formuliert und werden als Tatsachen angesehen. Eine beispielhafte Äußerung könnte wie folgt lauten: „Mein Leben ist manchmal ein reines Durcheinander. Ich hatte auch schon depressive Symptome deswegen, weil ich einfach nie etwas richtig mache." Die bedingungslose Akzeptanz, die der Klient dabei erfährt, führt ihn auf die dritte Stufe. Sowohl das Selbst als auch die damit verbundenen Erfahrungen werden nun als Objekte wahrgenommen. Der Klient ist offener in seiner Kommunikation und spricht rückblickend über seine Gefühle und

---

[39] Vgl. Rogers (1992), S. 25-27
[40] Vgl. Rogers (2017), S. 44
[41] Vgl. Rogers (2017), S. 33-34

persönlichen Bedeutungen, die jedoch negativ beurteilt und in ich-ferner Form beschrieben werden: „So habe ich mich als Kind immer gefühlt. Ich war bösartig. Aber ich konnte mit keinem reden. Und wenn ich mich nun jemandem hingezogen fühle, verbinde ich das direkt mit Unterwerfung. Ich hasse es." Jedoch werden persönliche Konstrukte nicht mehr als Tatsachen angesehen: „Ich wusste aber was gesellschaftlich von mir erwartet wird. Ich habe eine Rolle gespielt, damit keiner meine wahren Gefühle bemerkt." Der Übergang zwischen Stufe drei und vier ermöglicht es dem Klienten, vergangene Erlebnisse in Verbindung zur Gegenwart zu setzen. Ein Großteil der Therapie ereignet sich auf der vierten Stufe, wo der Klient seine Gefühle als gegenwärtige Objekte beschreibt, sodass das Erleben weniger fern erscheint und Konstrukte hinterfragt werden. Er wird sich bewusst, dass seine Probleme etwas mit ihm zu tun haben, einem fühlenden und erlebenden Individuum. Jedoch besteht die Angst, diese Gefühle in der Gegenwart zu erleben.[42]

Wenn der Klient anfängt, sich innerhalb der therapeutischen Atmosphäre wohlzufühlen und Gefühle unmittelbar gegenwärtig zuzulassen und offener zu werden, ist die fünfte Stufe erreicht. Persönliche Bedeutungen und Empfindungen werden nun meist noch mit Angst, Misstrauen oder Erstaunen fast vollständig erlebt. Dieses unmittelbare Erleben wird als ein Bezugspunkt verstanden, an dem sich der Klient orientieren und seine Aussagen und Wahrnehmungen auf ihre Gültigkeit hin prüfen kann. Es entwickelt sich ein Bedürfnis nach dem realen Selbst.[43] Der Klient auf Stufe fünf: „In Wirklichkeit bin ich nämlich nicht der nette, geduldige Kerl, als den ich mich auszugeben versuche. Ich werde leicht gereizt. Ich möchte die Leute manchmal anfahren und ganz egoistisch sein; und ich weiß nicht, weshalb ich ihnen vormachen sollte, dass ich nicht so bin."[44]

In der sechsten Stufe wird der Klient zu entscheidenden und irreversiblen Veränderungen fähig und beginnt damit, seine Gefühle vollkommen zu akzeptieren und sie gegenwärtig zu erleben. Das Selbst ist kein Objekt mehr, sondern ein veränderbarer gleichgestellter Teil des Erlebensprozesses. Klienten der sechsten Stufe sind in der Lage, mit sich selbst zu kommunizieren und sich bspw. lieben zu lernen: „Wie kann ich besorgt um mich selbst sein, wenn beides dasselbe ist? Dennoch spüre ich es… Ich will das Wichtigste in meinem Leben sein und mich vor der Welt schützen. Ich will mich selbst lieben!" Mit Stufe sechs haben die meisten Klienten ihr persönliches Ende der Therapie erreicht, da Stufe sieben eher einer Leitvorstellung entspricht und die „fully functioning person" beschreibt.[45]

---

[42] Vgl. Rogers (2017), S. 34-36
[43] Vgl. Rogers (2017), S. 36-37
[44] Rogers (2017), S. 37
[45] Vgl. Rogers (2017), S. 37-39

3 Teilaufgabe 3: Allgemeine Kommunikationstheorien

Im letzten Kapitel dieser Arbeit werden zwei allgemeine Kommunikationstheorien thematisiert, die dem Sender-Empfänger-Modell von Shannon und Weaver entspringen. Unterkapitel 3.1 setzt sich zuerst mit den theoretischen Grundlagen der Modelle auseinander
und erläutert darauffolgend die fünf Axiome nach Paul Watzlawick und seinem Zwei-
Aspekte-Modell sowie die Jahre später aufgestellten Überlegung von Friedrich Schulz
von Thun und dem Vier-Seiten-Modell. Abschließend sollen in Unterkapitel 3.2 sowohl
die Unterschiede als auch die Gemeinsamkeiten der beiden Modelle aufgeführt werden.

3.1 Sender-Empfänger-Modelle

Die sogenannten Encoder-/Decoder-Modelle gehen beim Kommunikationsprozess davon
aus, dass eine innere Repräsentation durch einen Code verschlüsselt wird, sodass z. B.
ein Wort durch die Anwendung von Sprache definiert wird. Der verschlüsselte Code muss
vom Sender über einen Kommunikationskanal an den Empfänger geleitet werden, der die
Enkodierung dann dekodieren muss, um die Botschaft zu verstehen.[46] Das bekannteste
Beispiel dieser Kommunikationstheorie ist das Sender-Empfänger-Modell von Shannon
und Weaver (1964), welches sechs notwendige Elemente eines Kommunikationsprozesses festlegt (s. Abb. 4). Grundsätzlich ist der Sender die Voraussetzung jeglicher Kom-
munikationsversuche. Mithilfe eines Sendegerätes, dem Kodierer, werden die Nachrichten in Form von Signalen übermittelt. Die Übertragung erfolgt über einen Kanal und wird
vom Empfänger mithilfe eins Empfangsgeräts angenommen und dekodiert. Der Prozess
kann jedoch jederzeit durch eine Störung unterbrochen oder behindert werden.[47]

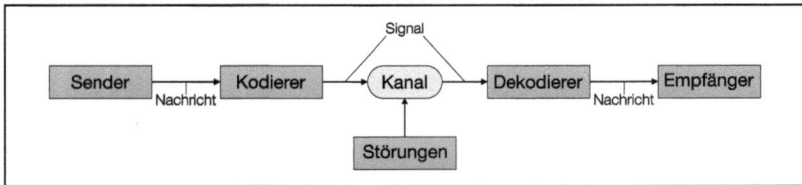

Abbildung 4: Elemente eines allgemeinen Kommunikationsprozesses.
(Quelle: Eigene Darstellung in Anlehnung an Shannon/Weaver (1964), S. 34.)

---

[46] Vgl. Röhner/Schütz (2016), S. 20-21
[47] Vgl. Shannon/Weaver (1964), S. 33-34

3.1.1 Das Zwei-Aspekte-Modell

Das Zwei-Aspekte-Modell von Paul Watzlawick ist eine Weiterführung des Sender-Emp-
fänger-Modells nach Shannon und Weaver. Watzlawicks Modell beruht auf fünf Grund-
eigenschaften menschlicher Kommunikation, die er als Axiome bezeichnet. Bei Axiomen
handelt es sich um provisorische Formulierungen eines methodisch erkannten Grundsat-
zes bzw. einer Wahrheit, die weder vollständig noch endgültig ist, jedoch aufgrund praktischer Effizienz keines Beweises bedarf. Im Zwei-Aspekte-Modell wird die Kommunikation kreisförmig dargestellt, sodass nicht nur die Reaktion des Empfängers auf die de-
kodierte Nachricht bedeutend ist, sondern auch die Rückwirkung, die die Reaktion des
Adressaten auf den Sender hat.[48] Um Störungen in der Kommunikation zu entdecken und
gegebenenfalls zu beheben, muss im Rahmen der Metakommunikation über das aktuelle
Gespräch, das vom Sender zum Empfänger verläuft, kommuniziert werden.[49]

Watzlawick zufolge beginnt der Mensch bereits ab dem Zeitpunkt seiner Geburt damit,
unbewusst die folgenden fünf Regeln oder Axiome zu erlernen[50]:

1. *Man kann nicht nicht kommunizieren.*

2. *Jede Kommunikation hat einen Inhalts- und einen Beziehungsaspekt.*

3. *Kommunikationsabläufe bestehen immer aus einer Ursache und einer Wirkung.*

4. *Menschliche Kommunikation bedient sich digitaler und analoger Modalität.*

5. *Kommunikationsabläufe sind entweder symmetrisch oder komplementär.*

Das erste Axiom postuliert, dass die Elemente jeglicher Kommunikation nicht nur aus
Worten bestehen, sondern auch aus Phänomenen, die das menschliche Sprachverhalten
begleiten wie Tonfall, Pausen oder Lachen. Außerdem sind die Erscheinungsformen der
nonverbalen Kommunikation mitentscheidend, wozu bspw. die Gestik, Mimik und Kör-
perhaltung zählen. Somit besitzt jede Art menschlichen Verhaltens einen Mitteilungscha-
rakter. Ob etwas gesagt oder nur geschwiegen wird, hat stets Einfluss auf die Reaktion
des Gegenübers. Nach dieser Logik lässt sich nicht nicht miteinander kommunizieren.[51]

Jede Mitteilung enthält einen Inhalt, der vor allem als Information dient, wobei die Wahrheit und Gültigkeit dieser Information irrelevant sind. Daneben enthält jede Mitteilung
außerdem eine Beziehungskomponente, die eher als ein Hinweis dafür eingebaut wird,

---

[48] Vgl. Röhner/Schütz (2016), S. 29
[49] Vgl. Watzlawick/Beavin/Jackson (2017), S. 47
[50] Vgl. Watzlawick/Beavin/Jackson (2017), S. 13; Watzlawick/Beavin/Jackson (2017), S. 57-81
[51] Vgl. Watzlawick/Beavin/Jackson (2017), S. 58-60

wie der Empfänger die Nachricht verstehen soll. Damit bezieht der Sender eine persönliche Stellungnahme zu seinem Gegenüber und definiert die gemeinsame Beziehung. Das zweite Axiom geht demnach von der Existenz eines Inhalts- sowie Beziehungsaspekts in jeder Kommunikation aus. Durch den Inhalt werden die Daten vermittelt, während die Beziehung vorgibt, wie diese Daten zu interpretieren sind.[52]

Das dritte Axiom befasst sich mit den Interaktionen zwischen den Teilnehmern und dem Ursache-Wirkungs-Zusammenhang, der durch Interpunktion entsteht. Da Kommunikation ein kreisförmiger, ununterbrochener Austausch von Mitteilungen ist, gibt es keinen definierten Anfangs- und Endpunkt. Die Teilnehmer müssen der Beziehung eine eigene Struktur zugrunde legen, die sich in individuellen Verhaltensketten wiedergibt, wenn auf einen empfangenen Reiz eine Reaktion folgt. Die Interpunktion bestimmt das Verhalten der Teilnehmer bzw. ihre subjektive Wirklichkeit. Es kann jedoch zu Diskrepanzen zwischen den aufgefassten Wirklichkeiten kommen, sodass Beziehungskonflikte entstehen.[53]

Das vierte Axiom geht von zwei Formen der Objektdarstellung aus: die digitale und analoge Form. Bei der analogen Kommunikation werden Objekte z. B. durch eine Zeichnung beschrieben und haben grundsätzlich eine Ähnlichkeitsbeziehung zum Gegenstand, während die digitale Form Namen verwendet, welche willkürlich in Form eines Wortes in Verbindung mit dem Objekt stehen. Die analoge Kommunikation bedient sich der nonverbalen Kommunikationskomponente und offenbart die jeweiligen Haltungen der Teilnehmer gegenüber einander. Beide Formen ergänzen sich gegenseitig.[54] Sowohl die Übersetzung vom Digitalen ins Analoge als auch umgekehrt ist eine praktische Unmöglichkeit, da zu viele Informationen und Bedeutungen verloren gehen würden.[55]

Das letzte Axiom postuliert, dass Kommunikationsabläufe entweder auf symmetrischen oder komplementären Interaktionen beruhen. Kommunikationsteilnehmer, die eine symmetrische Beziehung zueinander haben, versuchen Gleichheiten in ihrem Verhalten zu gewährleisten, während eine komplementäre Beziehung nach einer sich ergänzenden Ungleichheit strebt. Sie beruhen auf gesellschaftlichen Kontexten wie z. B. einer Mutter-Kind-Beziehung und bestehen aus einem primären und sekundären Teilnehmer.[56]

---

[52] Vgl. Watzlawick/Beavin/Jackson (2017), S. 61-63
[53] Vgl. Watzlawick/Beavin/Jackson (2017), S. 65-67
[54] Vgl. Watzlawick/Beavin/Jackson (2017), S. 71-74
[55] Vgl. Watzlawick/Beavin/Jackson (2017), S. 77
[56] Vgl. Watzlawick/Beavin/Jackson (2017), S. 79-80

3.1.2 Das Vier-Seiten-Modell

Das Vier-Seiten-Modell von Friedrich Schulz von Thun ist ein Versuch, die vorangegangenen Überlegungen von Rogers, Watzlawick und anderen Kommunikationsforschern zu vereinen, um eine Übersicht praktischer Kommunikationsprobleme zu schaffen. Das entstandene Modell der vier Seiten einer Nachricht determiniert in diesem Zusammenhang den Sach-, Beziehungs-, Selbstoffenbarungs- und Appellaspekt (s. Abb. 5).[57]

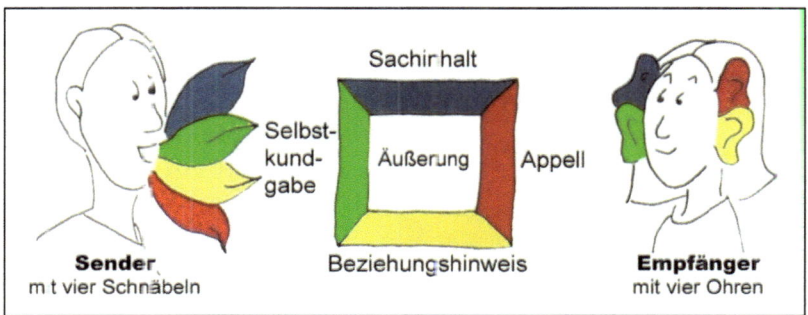

Abbildung 5: Die vier Seiten einer Nachricht.
(Quelle: Schulz von Thun Institut für Kommunikation (2021).)

Der Sachaspekt einer Nachricht befasst sich mit der deutlichen und verständlichen Wiedergabe von Sachinhalten. Durch den Beziehungsaspekt hat der Sender die Möglichkeit, dem Empfänger entweder positiv und wohlwollend gegenüberzutreten oder negativ und herabwürdigend zu sein, wodurch eine Bewertung der zwischenmenschlichen Beziehung stattfindet. Meist zeigt sich dieser Aspekt im Tonfall und anderen nonverbalen Begleitkomponenten, für die der Empfänger besonders anfällig ist, da er hier nach persönlichen Angriffen sucht. Mit jeder Kommunikation offenbart der Sender einen Teil seiner Persönlichkeit, was durch den Selbstoffenbarungsaspekt der Nachricht verdeutlicht wird. Dabei beinhaltet die Offenbarung sowohl eine gewollte Selbstdarstellung als auch eine unfreiwillige Selbstenthüllung. Die letzte Seite ist der Appellaspekt, der postuliert, dass der Sender stets etwas mit seiner Kommunikation bewirken möchte. Konkret bedeutet das, dass eine Nachricht den Empfänger dazu veranlassen könnte, bestimmte Dinge zu tun, zu vermeiden, zu denken oder zu fühlen. Wird der Versuch der Einflussnahme im Verdeckten probiert, spricht man von Manipulation.[58]

---

[57] Vgl. Schulz von Thun (2008), S. 13
[58] Vgl. Schulz von Thun (2008), S. 26-29

Da alle vier Seiten einer Nachricht gleichzeitig wirken, sollte der Empfänger in der Lage sein, auf alle Aspekte in kurzer Zeit zu reagieren. Prinzipiell besteht eine freie Wahl der Empfangsseiten. Wird der Fokus nur auf eine oder zwei Seiten gelegt, entstehen dadurch Kommunikationsstörungen, die die Gesprächsrichtung verändern können.[59] Es ist wichtig anzumerken, dass die vier Seiten einer Nachricht immer zusammen gelten und der Sender auf allen Ebenen etwas sendet. Dabei ist der Sachaspekt meist eindeutig, während die Selbstmitteilung, Haltung und Intention des Senders anfälliger für Interpretationen des Empfängers sind, da dieser ebenfalls auf allen vier Ebenen empfängt. In einer einzigen Mitteilung können sich somit mehrere Botschaften befinden, auf die der Adressat im Inneren reagieren muss. Durch die innere Reaktion kann der Empfänger zur Feststellung kommen, dass er die Nachricht nicht auf allen Ebenen akzeptieren kann. Abhängig von der Situation werden die Ebene häufig unterschiedlich stark nach ihrer Relevanz gewichtet, jedoch sind grundsätzlich alle vier Seiten gleichrangig zu betrachten.[60]

3.2 Unterschiede und Gemeinsamkeiten

Grundsätzlich ist festzuhalten, dass beide Modelle auf den Ausführungen von Shannon und Weaver basieren, wobei die fünf Axiome nach Watzlawick mehrere Jahre vor den Überlegungen zu den vier Seiten einer Nachricht veröffentlicht wurden. Während Watzlawick zu seiner Zeit die Überlegungen zum Sender-Empfänger-Ansatz weitergeführt hat, ist Schulz von Thun bestrebt gewesen, die wichtigsten, bis dahin gesammelten Erkenntnisse in einem allgemeingültigen Modell zusammenzutragen.

Die Gemeinsamkeiten beruhen auf der geteilten Auffassung, dass sich Sender und Empfänger in einem direkten kommunikativen Austausch miteinander befinden und Nachrichten auf mehreren Ebenen senden sowie empfangen und ebenfalls auf sie reagieren. Dass eine Nachricht neben dem Inhaltsaspekt auch aus einem Beziehungsaspekt besteht, durch den die Teilnehmer ihre Interessen vertreten, hat Watzlawick bereits in seinem zweiten Axiom festgelegt und erkannt. Schulz von Thun integriert diese Sichtweise in seinen vier Seiten einer Nachricht und fügt dem Sach- und Beziehungsaspekt noch den Appell- und Selbstoffenbarungsaspekt hinzu. Damit führt er die Überlegung seines Vorreiters weiter aus und spezifizierte die Interessen als den Appell einer Nachricht.

---

[59] Vgl. Schulz von Thun (2008), S. 44-45
[60] Vgl. Schulz von Thun (2008), S. 15-16

Die bedeutendste Gemeinsamkeit liegt jedoch wahrscheinlich im ersten Axiom, dass die Unmöglichkeit der Nicht-Kommunikation postuliert. Betrachtet man das Vier-Seiten-Modell und Schulz von Thuns Ausführungen zum vierseitigen Sender und Empfänger, wird deutlich, dass beide Parteien niemals nicht miteinander kommunizieren, da außer auf der Sachebene auch immer nonverbale Interaktion stattfindet. Diese nonverbale Komponente der Kommunikation spielt besonders bei Watzlawick eine große Rolle, da er dort das meiste Potenzial für Kommunikationsstörungen sieht, wobei das dritte Axiom die Interpunktion als einen weiteren entscheidenden Störungsfaktor definiert. Die subjektive Interpunktion, die von den Individuen persönlich vorgenommen wird, führt Watzlawick zufolge zu unterschiedlichen Wirklichkeiten. Diesen Aspekt greift Schulz von Thun mit den vier Ohren des Empfängers auf und erklärt, dass ein kommunikativer Adressat zwar auf allen Aspekten empfangen sollte, dennoch der Fokus oft auf den analogen Aspekten wie der Beziehung liegt. Hier greift das vierte Axiom, das die digitalen und analogen Modalitäten zwischenmenschlicher Kommunikation definiert.

Neben den natürlichen Gemeinsamkeiten lassen sich auch wenige grundlegende Unterschiede zwischen den Modellen erkennen, beginnend mit der Anzahl an Nachrichtenseiten. So wurden der Inhalts- und Beziehungsaspekt durch den Appell- und Selbstoffenbarungsaspekt ergänzt. Die Ansicht, dass der Sender mit jeder Nachricht einen Teil seiner Persönlichkeit offenbart, wird vom Zwei-Aspekte-Modell nicht behandelt. Andererseits spielt das fünfte Axiom für Schulz von Thun keine wichtige Rolle, da es nicht wie die anderen vier Axiome ein zentraler Bestandteil des Vier-Seiten-Modells ist.

Ein Blick auf die Modellzeichnungen zeigt außerdem, dass Watzlawick in seinen Ausführungen explizit den kreisförmigen Charakter des Kommunikationsprozesses anführt, der sich darin auszeichnet, dass die Reaktion des Empfängers ein weiterer Bestandteil der zwischenmenschlichen Interaktion ist und die Kommunikation aufrechterhält, sodass folglich kein definierter Anfangs- bzw. Endpunkt existiert. Diese Sichtweise greift Schulz von Thun zwar im Ansatz auf, jedoch legt er sein Modell eher nach der klassischen Auffassung von Shannon und Weaver an. Wobei die Integration eines geschlossenen Kreislaufs die Gültigkeit des Vier-Seiten-Modells durchaus bekräftigen könnte.

Literaturverzeichnis

Abel, T. / Sommerhalder, K. (2015), Gesundheitskompetenz / Health Literacy. Das Konzept und seine Operationalisierung. Bundesgesundheitsblatt, 58. Jg., Nr. 9, S. 923-929.

Alparslan, A. (2006), Strukturalistische Prinzipal-Agent-Theorie, 1. Aufl., Wiesbaden.

Begenau, J. / Schubert, C. / Vogd, W. (2010), Einleitung: Die Arzt-Patient-Beziehung aus soziologischer Sicht. In: Begenau, J. / Schubert, C. / Vogd, W. (Hrsg.), Die Arzt-Patient-Beziehung, 1. Aufl., Stuttgart, S. 7-33.

Dahlgren, G / Whitehead, M. (1991), Policies and strategies to promote social equity in health. Institute for Future Studies, 2007. Jg., Nr. 14, S. 1-67.

Emanuel, E. J. / Emanuel, L. L. (1992), Four models of the physician-patient relationship. JAMA, 267. Jg., Nr. 16, S. 2221-2226.

Jensen, M. C. / Meckling, W. H. (1976), Theory of the firm: Managerial, behavior, agency cost and ownership structure. Journal of financial economics, 3. Jg., Nr. 4, S. 305-360.

Lenartz, N. / Soellner, R. / Rudinger, G. (2014), Gesundheitskompetenz. Modellbildung und empirische Modellprüfung einer Schlüsselqualifikation für gesundes Leben. DIE Zeitschrift für Erwachsenenbildung, 2014. Jg., Nr. 2, S. 29-32.

Nutbeam, D. (2000), Health literacy as a public health goal: a challenge for contemporary health education and communication strategies into the 21st century. Health Promotion International, 15. Jg., Nr. 3, S. 259-267.

Petermann, F. (1997), Interpersonales Vertrauen in der Arzt-Patient-Beziehung. In: Schweer, M. (Hrsg.), Interpersonales Vertrauen. Theorien und empirische Befunde, 1. Aufl., Opladen, S. 155-164.

Picker Institut Deutschland gGmbH (2013), Zentrale Faktoren der Patienten- und Mitarbeiterzufriedenheit – Kurzversion. Picker Report 2013, Hamburg.

Pratt, J. W. / Zeckhauser, R. J. (1991), Principals and agents: An overview. In: Pratt, J. W. / Zeckhauser, R. J. (Hrsg.), Principals and agents: The structure of business, 2. Aufl., Boston, S. 1-36.

Rogers, C. R. (1991), Klientenzentrierte Psychotherapie. In: Rogers, C. R. / Schmid, P. F. (Hrsg.), Personen-zentriert. Grundlagen von Theorie und Praxis, 1. Aufl., Mainz, S. 185-237.

Rogers, C. R. (1992), Elemente personenzentrierter Psychotherapie. Der Ansatz. In: Frenzel, P. / Schmid, P. F. / Winkler, M. (Hrsg.), Handbuch der personenzentrierten Psychotherapie, 1. Aufl., Köln, S. 21-38.

Rogers, C. R. (2017), Therapeut und Klient. Grundlagen der Gesprächspsychotherapie, 23. Aufl., Frankfurt am Main.

Röhner, J. / Schütz, A. (2016), Psychologie der Kommunikation, 2. Aufl., Wiesbaden.

Schmid, P. F. (1991), Souveränität und Engagement. In: Rogers, C. R. / Schmid, P. F. (Hrsg.), Personen-zentriert. Grundlagen von Theorie und Praxis, 1. Aufl., Mainz, S. 15-164.

Schulz von Thun, F. (2008), Miteinander reden. Störungen und Klärungen, 46. Aufl., Reinbeck bei Hamburg.

Shannon, C. E. / Weaver, W. (1964), The mathematical theory of communication, 10. Aufl., Illinois.

Stapel, M. / Zielke, M. / Hoff-Emden, H. (2005), Qualitätsbeurteilungen stationärer medizinischer Rehabilitationsmaßnahmen durch Kinder und Jugendliche. Praxis Klinische Verhaltensmedizin und Rehabilitation, 18. Jg., Nr. 68, S. 24-29.

Watzlawick, P. / Beavin, J. H. / Jackson, D. D. (2017), Menschliche Kommunikation. Formen, Störungen und Paradoxien, 13. Aufl., Bern.

Weinberger, S. (2013), Klientenzentrierte Gesprächsführung. Lern- und Praxisanleitung für psychosoziale Berufe, 14. Aufl., Weinheim.

Internetquellen

Abel, T. / Bruhin, E. / Sommerhalder, K. / Jordan, S. (2018), Health Literacy / Gesundheitskompetenz, Bundeszentrale für gesundheitliche Aufklärung, Köln, https://leitbegriffe.bzga.de/alphabetisches-verzeichnis/health-literacy-gesundheitskompetenz/, abgerufen am 03.01.2022.

Förster, G. (2019), Prinzipal-Agent-Theorie, Working Paper 2019-06, https://www.integrity-art.de/start/integrity-working-paper/, abgerufen am 03.01.2022.

Hurrelmann, K. / Richter, M. (2018), Determinanten von Gesundheit, Bundeszentrale für gesundheitliche Aufklärung, Köln, https://leitbegriffe.bzga.de/alphabetisches-verzeichnis/determinanten-von-gesundheit/, abgerufen am 03.01.2022.

Schulz von Thun Institut (2022), Das Kommunikationsquadrat, https://www.schulz-von-thun.de/die-modelle/das-kommunikationsquadrat, abgerufen am 03.01.2022.